Die Auswirkungen von Armut auf die psychische Gesundheit von Kindern und Jugendlichen

GRIN ☺

Bibliografische Information der Deutschen Nationalbibliothek:

Die Deutsche Nationalbibliothek verzeichnet diese Publikation in der Deutschen Nationalbibliografie; detaillierte bibliografische Daten sind im Internet über http://dnb.d-nb.de abrufbar.

ISBN: 9783389036334
Dieses Buch ist auch als E-Book erhältlich.

© GRIN Publishing GmbH
Trappentreustraße 1
80339 München

Druck und Bindung: Books on Demand GmbH, Norderstedt Germany
Gedruckt auf säurefreiem Papier aus verantwortungsvollen Quellen

Das vorliegende Werk wurde sorgfältig erarbeitet. Dennoch übernehmen Autoren und Verlag für die Richtigkeit von Angaben, Hinweisen, Links und Ratschlägen sowie eventuelle Druckfehler keine Haftung.

Das Buch bei GRIN: https://www.grin.com/document/1478434

Ein Einblick in die Auswirkungen von Armut auf die psychische Gesundheit von Kindern und Jugendlichen

Modul 23

Aktuelle Theoriediskurse der Sozialen Arbeit

Wilhelmshaven, 31.03.2024

Wintersemester 2023/24

Inhalt

1 Einleitung

„Armut grenzt aus und zerstört Lebenschancen:
Wenn kein Geld da ist, um den Kindergeburtstag feiern zu können.
Wenn kein Geld da ist, um schwimmen, in Vereine oder gar ins Kino gehen zu
können.
Wenn kein Geld da ist, um sich wenigstens halbwegs gesund ernähren zu können.
Wenn kein Geld da ist, um sich Schulmittel leisten zu können.
Wenn kein Geld da ist, weil die Kinderfüße schneller wachsen als der Regelsatz.
Wenn kein Geld da ist, weil der Monat vier statt drei Wochen hat."

(BAG-SHI in Gintzel et al, 2008))

In der Bundesrepublik wachsen immer mehr Kinder und Jugendliche in Armut auf. Seit einiger Zeit sind sich Sozialwissenschaftler einig in ihrer Feststellung, dass Kinder mittlerweile die am stärksten von Armut gefährdete Altersgruppe darstellen (vgl. Geißler, 1996).Diese Entwicklung hat zur Folge, dass immer weniger Kinder und Jugendliche die gesellschaftliche Vorstellung eines Guten Lebens erreichen könnne. Sie messen ihre Möglichkeiten zur Teilhabe am Konsum und in der Freizeit an einer sozialen Realität, die hauptsächlichden Lebensstil der oberen sozialen Schicht widerspiegelt. Das Bedürfnis, mit der eigenen Freundesgruppe, Nachbarn oder Schulkameraden mithalten zu können, führt zu ständigen Vergleichen und Wettbewerben. Die kommerzielle Werbung und Medien verstärken diese Tendenzen zusätzlich. In Armut aufzuwachsen kann daher zu erheblichen psychosozialen Belastungen führen, die zu sozialer und kultureller Ausgrenzung führen und somit die Startmöglichkeiten im Leben beeinträchtigen. Für Kinder und Jugendliche haben Armutserfahrungen oft tiefgreifende und unmittelbare Folgen, da sie die Auswirkungen weniger verbergen können als Erwachsene. Während Erwachsene bewusste Entscheidungen zum Verzicht treffen können, wird ein Nicht-Mithalten-Können bei Jugendlichen schnell als Defizit erkannt. Daher ist ein zunehmender Prozess der sozialen Marginalisierung und der negativen Wahrnehmung und Erwartung seitens der Gesellschaft zu befürchten. (vgl. Böhnisch, 1995).

Ziel dieser Arbeit ist es, diese Entwicklungen und Mechanismen genauer nachvollziehen zu können und im Hinblick auf die Aufgabe der Profession Sozialer Arbeit zu untersuchen. Hierzu wird, nach einer dem Umfang der Arbeit entsprechenden Darlegung des fachwissenschaftlichen Selbstverständnisses der Verfasserin, der Armutsbegriff, anhand von verschiedenen Begriffskonzepten, genauer beleuchtet. Weiter wird in diesem Kapitel auch auf den Begriff der Kinderarmut und dessen Auslegung erklärend eingegangen. Im vierten Kapitel wird zunächst der allgemeine Zusammenhang von Armut auf die Gesundheit eingegangen und daraufhin der spezielle Wirkungszusammenhang zwischen Armut und psychischer Gesundheit von Kindern und Jugendlichen beschrieben. Darauf folgt im fünften Kapitel eine im Hinblick auf das fachwissenschaftliche Selbstverständnis ausformulierte Rückwirkung auf die Bedeutung der Erkenntnisse für die Profession Sozialer Arbeit.

2 Fachwissenschaftliches Selbstverständnis

Mit dem in diesem Kapitel ausformulierten fachwissenschaftlichen Anspruch an die Soziale Arbeit wird die Grundlage für Professionalität in allen Handlungsfeldern skizziert. Diese entsteht durch den kontinuierlichen Bezug auf das eigene fachwissenschaftliche Verständnis aus wissenschaftlichem Wissen. Grundlage des im Folgenden ausformulierten Anspruchs an die Soziale Arbeit sind die Überlegungen von Bettinger (Bettinger, 2014).

Das zentrale Ziel des sozialpädagogischen Handelns ist eine lebensweltorientierte Soziale Arbeit, die sich aus der reflektierten Praxis, theoretischen Grundlagen und interdisziplinären Bezügen zusammensetzt. Dabei ist es unerlässlich sich auch im Alltag immer wieder die Bedürfnisse und Perspektiven der Adressat:innen als kontinuierlichen Ausgangspunkt und Begründung für das sozialpädagogische/ sozialarbeiterische Handeln ins Bewusstsein zu rufen. Doch nicht nur der Ausgangspunkt sondern auch die Wirkungsrichtung und Ziele der Unterstützungsangebote sind in enger Verknüpfung mit der Persönlichkeit und den damit einhergehenden Wünschen und Lebensvorstellungen der Adressat:innen zu entwerfen, da sie sich den Lebensentwürfen der Adressat:innen anpassen sollten.

Außerdem gilt es gegen Macht-, Herrschafts-, Ungleichheitsverhältnisse und Ausschließung zu wirken und sich für Teilhabe, Chancengleichheit sowie soziale, kulturelle und politische Partizipation einzusetzen. Voraussetzung für das Initiieren von nachhaltigen Veränderungsprozessen sind die Aufdeckung und Rekonstruktion von gesellschaftlichen Ausschließungsprozessen, sowie dessen Bedingungen und Folgen. Wenn Strukturen und Verflechtungen erkannt werden, die Adressat:innen einrahmen, können auf dieser Grundlage Bildungs- und Sozialisationsmöglichkeiten geboten werden, die eine Emanzipation aller Individuen zum Ziel hat. Den Sozialpädagog:innen und Sozialarbeiter:innen wird ein Selbstverständnis und professionelles Handeln abverlangt. Daraus resultiert eine innere Haltung mit kritischem Bewusstsein für Sprache und Diskurs, um diese möglichst umfassend nachvollziehen und rekonstruieren zu können. Sozialarbeiter:innen und Sozialpädagog:innen sollten sich als politische Akteur:innen verstehen, welche sich an solchen Diskursen beteiligen, sich einmischen und mitwirken und darüber hinaus auch andere dazu ermutigt bzw. ein Interesse oder auch Teilnahme für Adressat:innen ermöglicht.

Der Gegenstand der Sozialen Arbeit und das damit einhergehende Handeln und Verhalten sollte dabei kontinuierlich eigenständig benannt und wissenschaftlich rekonstruiert werden können, sodass eine Emanzipation aus Funktions- und Aufgabenzuschreibungen eintreten kann. Ein Selbstverständnis des sozialpädagogischen/ sozialarbeiterischen Handelns oder Nicht-Handelns, welches allgegenwärtiger Reflexion, Kritik und ggf. Veränderung zugrunde liegt, schließt die unreflektierte Übernahme aus politischen und sozialbürokratischen Diskursen aus.

3 Theoretische Grundlagen zum Armutsbegriff

Zum Einstieg in die Armutsthematik, soll in diesem Kapitel zunächst ein theoretischer Rahmen gegeben werden, indem zunächst der Armutsbegriff sowie verschiedene aktuelle Konzepte von Armut näher erläutert werden. Weiter wird der Begriff der Kinderarmut mit in den Blick genommen.

3.1 Einführung in den Armutsbegriff

Ein zentrales Anliegen in der Armutsforschung besteht darin das Phänomen der Armut sowohl theoretisch explizit zu definieren und darüber hinaus Armut praktisch messbar zu machen. Jedoch kann es keine feststehende Definition von Armut geben, da jede Definition durch politische und normative Faktoren beeinflusst wird (vgl. Zimmermann, 1998). Armut ist also immer eng mit sozialen und politischen Bedingungen verknüpft, die von der Gesellschaft und von der Politik geformt werden. Gestaltungsversuche basieren jeweils auf Definitionen von gesellschaftlichen Zielen und Theorien, die Armut erklären wollen. Armut ist dabei immer als ein komplexes soziales Phänomen zu verstehen, welches sowohl strukturelle als auch subjektive Dimensionen hat (vgl. Huster & Boeck, S.17f). Armut wird in modernen Wohlfahrtsstaaten auch als die stärkste und unerwünschte Form von sozialer Ungleichheit bezeichnet, wobei soziale Ungleichheit verstanden wird als die Gegebenheiten nach denen „Menschen (immer verstanden als Zugehörige sozialer Kategorien) einen ungleichen Zugang zu sozialen Positionen haben und diese sozialen Positionen systematisch mit vorteilhaften oder nachteiligen Handlungs- und Lebensbedingungen verbunden sind" (Solga et al, 2009, S15). Demnach haben Menschen, die von Armut betroffen sind im strukturellen Gefüge der Gesellschaft eine soziale Position inne, „die durch einen erheblichen Mangel an Ressourcen geprägt ist, der es den Betroffenen nicht mehr erlaubt, in angemessener Weise am gesellschaftlichen Leben teilzunehmen" (Groh-Samberg und Voges, 2013, S58). In dieser Definition ist jedoch, wie anfangs bereits angedeutet, definitionsoffen was ein erheblicher Mangel ist und wie eine angemessene gesellschaftliche Teilnahme genau aussieht. Generell lässt sich der Ansatz zur Bestimmung der Armut in eine absolute oder relative Betrachtungsweise unterscheiden. Vor allem in den Entwicklungsländern dominiert ein absoluter Armutssinn, der sich auf das physische Existenzminimum, also die Absicherung bzw. das Vorhandensein von Wasser, Nahrung, Kleidung und Unterkunft konzentriert. In wohlhabenderen, industrialisierten Wohlfahrtsstaaten wird Armut dahingegen oft im Verhältnis zum aktuellen Wohlstand der Gesellschaft betrachtet, also in Bezug auf ein sogenanntes soziokulturelles Existenzminimum.

3.1 Armutskonzepte

Armutskonzepte variieren nicht nur in ihrer Auffassung von absoluter oder relativer Armut, sondern auch in der Art und Weise, wie sie sich dem Phänomen Armut nähern. Bei einem direkten Zugang wird versucht, die konkrete Lebenssituation der betroffenen Menschen zu verstehen. Im Gegensatz dazu basiert ein indirekter Zugang auf der Bewertung verfügbarer Ressourcen, in der Regel des Einkommens, die erforderlich sind, um einen bestimmten Lebensstandard zu erreichen (vgl. Dittmann & Goebel, 2018, S.23). Im sozialpolitischen Diskurs über Armut wird derzeit zwischen den fünf am häufigsten verwendeten Armutskonzepten unterschieden. Diese sollen hier kurz kritisch vorgestellt werden, um zu verdeutlichen, wie vielfältig sich der Armutsbegriff nutzen und verstehen lässt. Dittmann und Goebel (2018) definieren diese Konzepte wie folgt: Zunächst gibt es den Ressourcenansatz, der sich auf die Verfügbarkeit von Ressourcen fokussiert. Insbesondere das Einkommen, welches die Erfüllung von Grundbedürfnissen und Lebensstandards ermöglichen soll, steht im Mittelpunkt. Armut wird hier definiert, wenn Personen nicht genügend Mittel für notwendige Güter und Dienstleistungen haben und kann dabei absolute oder relative Armut sein. Dieser Ansatz ist kritisch zu betrachten, da die unterschiedliche Nutzung und Wertigkeit von Ressourcen, sowie ungleiche Verteilung der Zugangschancen unberücksichtigt bleiben. Trotz vorhandener Ressourcen, kann also eine Armutssituation bestehen. Das zweite Konzept des Lebensstandartansatzes konzentriert sich auf die tatsächliche Lebenssituation und die materielle Versorgung als Hauptkriterium zur Beurteilung. Dennoch bleiben Fragen zur Auswahl der Merkmale und zur Bemessung des Lebensstandards offen. Entsprechend bietet dieser Ansatz jedoch ein erweitertes mehrdimensionales Verständnis von Armut, da er nicht nur die materielle Dimension, sondern auch andere Lebensbereiche berücksichtigt. Das dritte Konzept der Lebenslage zielt darauf ab, über den alleinigen Fokus auf Einkommen oder materiellen Lebensstandard hinauszugehen. Lebenslagen werden hierin als Handlungsspielraum definiert, den äußere Umstände für die Verwirklichung grundlegender Lebensziele bieten. Betrachtet werden hier Dimensionen wie Versorgung, soziale Kontakte, Lernmöglichkeiten und Regeneration. Kritisiert werden an diesem Konzept die Komplexität und eine mangelnde Transparenz bei der Auswahl und Begründung relevanter Merkmale. Das vierte von Dittmann und Goebel (2018) vorgestellte Konzept der Verwirklichungschancen bezieht sich auf den Capability Approach von Amartya Sen und betont die Bedeutung von individuellen Fähigkeiten und gesellschaftlichen Chancen für ein selbstbestimmtes Leben. Armut wird hierin nicht nur als ein Ressourcenmangel gesehen, sondern als einen Mangel an Wahlmöglichkeiten und Freiheit und somit Einschränkung der Selbstachtung. Auch wenn dieser Ansatz weit verbreitet ist, gibt es Schwierigkeiten bei seiner praktischen Anwendung in der Armutsforschung, insbesondere bei der Definition und Messung von individuellen und gesellschaftlichen Faktoren. Das fünfte und hiermit letzte Konzept ist der Exklusionsansatz. Dieses betrachtet Armut ebenfalls nicht nur als materiellen Mangel, sondern auch als soziale Ausgrenzung und das Fehlen von sozialen Rechten. Es betont die gesellschaftlichen Wechselwirkungen, erweitert die Perspektive auf Teilhabe und Zugehörigkeit und fordert eine umfassende Theorie über die Ursachen und Wirkungen von Armut. Jedoch wird auch hier die Messbarkeit von Armut und Exklusion als Herausforderung gesehen (vgl. Dittmann & Goebel, 2018, S.23ff)

Die EU definiert ein einkommensbezogenes Armutsrisiko, sodass ein Haushalt als armutsgefährdet gilt, wenn sein bedarfsgewichtetes Einkommen weniger als 60% des Medianwerts aller bedarfsgewichteten Haushaltsnettoeinkommen beträgt. In Deutschland waren laut dem statistischen Bundesamt im Jahr 2021 15,8 Prozent der Menschen armutsgefährdet (vgl. Giesecke et al, 2023). In der deutschen Bundesgesetzgebung sind neben dieser einkommensbezogenen Definition des Armutsrisikos auch die Menschen als arm definiert, die sozialstaatliche Grundleistungen erhalten. Beide Ansätze werden insoweit auch kritisch diskutiert, als dass sie keine Auskunft über die Lebenssituation der Menschen und insbesondere der Kinder und Jugendlichen, die dem Haushalt zugehören, geben. Diese Konzepte der Armutsanalyse lassen keinen Einblick in Einschränkungen der gesellschaftlichen Teilhabe zu und sind somit auch nicht hinreichend geeignet, um individuelle Mangelerfahrungen als Folgen der Armut abzumildern oder zu reduzieren (vgl. Oskamp, 2013, S.128).

3.2 Kinderarmut als besondere Herausforderung

Die Debatte über die Armut von Kindern und ihren Familien hat in den letzten Jahren an Bedeutung in den politischen und öffentlichen Diskursen gewonnen. Dies zeigt sich unter anderem durch die vehementen Forderungen für die Verbesserungen von Lebensbedingungen armer Kinder in Deutschland von großen Kinderschutzorganisationen wie Unicef, des Deutschen Kinderschutzbundes und des Kinderhilfswerks (vgl. Drößler et al, 2008, S.10). Besonders armutsgefährdet sind laut Kinder aus Alleinerziehenden-Haushalten, Kinder aus Paar-Haushalten mit drei und mehr Kindern und Kinder mit Migrationshintergrund. Zudem ist mehrfach festgestellt, dass das Armutsrisiko größer ist, je jünger Kinder sind (vgl. Rahn & Chassè, 2020, S.11). Das heißt Kinder und Jugendliche sind arm, weil sie mit Menschen unter einem Dach leben, die weniger Geld haben als andere. In wissenschaftlichen Diskursen ist immer wieder die Rede von Armutskarrieren oder einer nicht endenden Schleife der Armut, für die Kinder besonders gefährdet sind. Die Lebenslagen von Kindern zeichnen sich dabei durch multidimensionale Benachteiligungen aus. Für Kinder hat die Armut nicht nur entscheidenden, entwicklungshemmende Wirkungen auf ihre aktuelle Situation, sondern auch ausgeprägten Einfluss auf ihre zukünftigen Lebensperspektiven und -chancen (vgl. Lutz, 2004). Dieser Effekt verstärkt sich mit steigender Dauer der Armutsphase, wobei bekannt ist, dass Armut für 18% der Kinder eine andauernde und keine vorübergehende Erfahrung ist (vgl. Rahn & Chassè, 2020). Insgesamt handelt es sich bei dem Forschungs- und Publikationsgeschehen rund um das Phänomen der Kinderarmut um einen interdisziplinären Diskurs, der auch immer mit Themen der sozialen Ungleichheit in Verbindung steht. Äquivalent zur Begriffsklärung der Armut ist zum Begriff der Kinderarmut zusammenfassend festzuhalten, dass es keine einheitliche Definition geben kann. Um Kinderarmut effektiv zu analysieren ist es unerlässliche, einen umfassenden Ansatz zur Betrachtung der spezifischen Armutssituation zu nutzen, der über die reine Einkommensarmut hinausgeht. Nur durch ein solches Verständnis können präventive und konkrete Maßnahmen zur Bekämpfung der Kindermut entwickelt werden (vgl. Rahn & Chassè, 2020, S.36).

4 Kinderarmut und psychische Gesundheit

In diesem Kapitel soll zunächst die Wirkung von Kinderarmut auf Kinder und Jugendliche anhand von drei Erklärungsansätzen beispielhaft dargestellt werden. Weiter wird es dann darum gehen, die expliziten Auswirkungen dessen auf die psychische Gesundheit von Kindern und Jugendlichen herauszustellen.

4.1 Wirkungsweisen von Kinderarmut

Armut manifestiert sich auf vielfältige Weise und kann diverse Aspekte des Lebens beeinträchtigen, insbesondere im Kontext der Lebens- und somit Entwicklungsbedingungen von Kindern und Jugendlichen, wie Zander (2011) herausstellt. Auch wenn der Zusammenhang zwischen Armutslagen und Gesundheit gut belegt ist, gilt es nach wie vor genauer zu erruieren, auf welche Weise die soziale Lage die Gesundheit beeinflusst. Lampert (2001) nennt in diesem Rahmen drei Erklärungsansätze. So nennt er materielle Nachteile, psychosoziale Belastungen und das Gesundheitsverhalten, wobei diese im Folgenden kurz entsprechend Lampert (2011) definiert werden. Materielle Benachteiligungen zeigen sich demnach in eingeschränkten Teilhabe- und Konsummöglichkeiten inklusive Grundbedürfnissen wie Nahrung, Kleidung und Hygiene. Auch Wohnverhältnisse, Urlaub,

Sport und kulturelle Aktivitäten können betroffen sein. Psychosoziale Belastungen entstehen durch Ausgrenzung und soziale Vergleiche, besonders bei Personen mit Armutsrisiko. Dies kann zu einem Rückzug aus sozialen Kontakten durch Scharm oder ein geringes Selbstwertgefühl führen. Besonders belastend ist die Armut in Kombination mit Diskriminierung und Stigmatisierung. Die ständige Sorge um den Lebensunterhalt und anhaltender Stress können die Gesundheit beeinträchtigen, verstärkt durch Krankheiten, Gesundheitsprobleme oder Sucht. Wobei diese auf Kinder und Jugendliche direkt wirken könne oder indirekt, indem sich Kinder und Jugendliche Sorgen um ihre Eltern oder einen Elternteil machen und hier nicht zur Last fallen wollen und sich ggf. unerwünscht oder schuldig fühlen. Als dritten Erklärungsansatz führt Lampert (2011) das Gesundheitsverhalten auf. Dies beeinflusst das erhöhte Krankheits- und Sterberisiko in armutsgefährdeten Gruppen, wie beispielsweise durch vermehrten Tabakkonsum, sportliche Inaktivität und Adipositas. Diese Verhaltensrisiken treten oft gemeinsam auf und verstärken sich gegenseitig. Individuelle Entscheidungen zum Gesundheitsverhalten werden stark von Lebensumständen beeinflusst, einschließlich psychosozialer Belastungen durch Armut.

Insgesamt verdeutlichen diese Erklärungsansätze, dass Armut nicht nur materielle, sondern auch psychosoziale und Verhaltensfaktoren umfasst, die sich negativ auf die Entwicklung von Kindern und Jugendlichen auswirken können. Sie unterstreichen die Notwendigkeit eines umfassenden Verständnisses der vielfältigen Auswirkungen von Armut und dessen Wirkmächtigkeit.

4.2 Zusammenhang Kinderarmut und psychische Gesundheit

Nachdem die vielschichtigen Auswirkungen von Armut auf das Leben von Kindern und Jugendlichen beleuchtet haben, richtet sich der Fokus im folgenden Kapitel auf einen spezifischen Aspekt dieser Problematik: den Zusammenhang von Kinderarmut und der psychischen Gesundheit der von Armut betroffenen Kinder und Jugendlichen. Es ist von entscheidender Bedeutung, dieses Thema genauer zu untersuchen, da psychische Gesundheitsprobleme bei Kindern und Jugendlichen auch eine erhebliche Langzeitbelastung darstellen können, die dann nicht nur die aktuelle Lebensqualität beeinflusst, sondern auch zukünftige Perspektiven beeinträchtigen kann. Besonders vor dem Hintergrund des allgemeinen Wandels von akuten zu chronischen Krankheiten und von rein körperlichen zu psychischen oder psychosomatischen Beschwerden, ist eine Auseinandersetzung essenziell. Kinder und Jugendliche aus Familien mit niedrigem sozioökonomischem Status stehen nicht nur vor mehr gesundheitlichen Herausforderungen, sondern verfügen auch über begrenztere Möglichkeiten, diese Herausforderungen zu bewältigen. Wenn sich Risiken und Belastungen über die Lebensspanne hinweg häufen und negative Wechselwirkungen entstehen, führt dies zu einem erhöhten Risiko von Erkrankungen und einer verkürzten Lebenserwartung (vgl. Holz & Richter-Korneweitz, 2010, S.178). Kinder und Jugendliche leiden somit potenziell häufiger unter einer gesundheitlichen Doppel- oder Mehrfachbelastung. Im Jahr 2006 waren rund 20% der Kinder und Jugendlichen von wiederkehrenden psychosomatischen Symptomen betroffen. Ebenso viele gaben eine negative Beurteilung ihrer Gesundheit und ihres mentalen Wohlbefindens an (vgl. Richter, 2005). Diese Art von "neue Morbidität" zeichnet sich vor allem durch Entwicklungs-, Emotionalitäts- und Verhaltensprobleme aus (vgl. Richter, 2005), wobei der Begriff der Morbidität die Anzahl der Erkrankungen oder Krankheitsfälle in einer bestimmten Gruppe von Menschen zu einem bestimmten Zeitpunkt angibt. Auch in den Ergebnissen der zweiten Erhebung der Kinder- und Jugendgesundheitsstudie „KiGGS Welle 2" (Kuntz et al. 2018) des Robert Koch-Instituts zeigen Kinder aus sozial benachteiligten Gruppen häufiger psychische Auffälligkeiten. Diese umfassen Verhaltensstörungen, emotionale Probleme, Aufmerksamkeitsdefizite/Hyperaktivität z.b. ADHS und Schwierigkeiten im Umgang mit Gleichaltrigen im Vergleich zu Kindern aus finanziell stabileren Familienverhältnissen. Während 26,0 % der Kinder und Jugendlichen mit niedrigem sozioökonomischem Status ihrer Eltern als psychisch auffällig eingestuft wurden, betraf dies nur 16,1 % der Jugendlichen aus Familien mit mittlerem Sozialstatus und 9,7 % aus Familien mit hohem Sozialstatus. Das Risiko für psychische Probleme bei Kindern und Jugendlichen aus einkommensschwachen, also von Armut bedrohten Familien ist 3,5-mal höher im Vergleich zu ihren Altersgenossen aus finanziell besser gestellten Verhältnissen.

Kinder und Jugendliche, die in Armut aufwachsen, sind schließlich einer Vielzahl von psychischen Belastungsfaktoren ausgesetzt. Sie erleben oft Stigmatisierung und soziale Ausgrenzung aufgrund ihrer finanziellen Lage, was zu einem geringen Selbstwertgefühl und Isolation führen kann. Die finanzielle Instabilität und ständige Sorgen um den Lebensunterhalt können bei ihnen zu chronischem Stress und Angstzuständen führen. Hinzu kommen erhöhte familiäre Spannungen und Konflikte, die durch die finanzielle Notlage entstehen können und die Kinder und Jugendlichen zusätzlich belasten. Darüber hinaus haben sie oft eingeschränkten Zugang zu qualitativ hochwertiger Bildung und Freizeitaktivitäten, was zu Bildungsdefiziten und Frustration führen kann. Die mit Armut verbundene schlechtere Gesundheit und der unzureichende Zugang zu medizinischer Versorgung können physische und psychische Gesundheitsprobleme verursachen. Zudem können finanzielle Einschränkungen zu sozialer Isolation führen, da sie Schwierigkeiten haben, soziale Kontakte zu pflegen und Freundschaften zu schließen. Nicht zuletzt können die psychischen Probleme der Eltern, die oft durch die Armut verursacht oder verstärkt werden, das emotionale Wohlbefinden und die psychische Gesundheit der Kinder und Jugendlichen beeinträchtigen. Insgesamt sind Kinder und Jugendliche, die in Armut leben, einem erhöhten Risiko für eine Vielzahl von emotionalen, sozialen und psychischen Problemen ausgesetzt. Daher ist es von großer Bedeutung, gezielte Unterstützungsmaßnahmen und Interventionen zu entwickeln, um ihre psychische Gesundheit zu fördern und zu schützen (vgl. Schulze, 2013).

5 Bedeutung für die Profession Sozialer Arbeit

Abschließend und im Hinblick auf mein kurz ausformuliertes fachwissenschaftliches Selbstverständnis, werde ich in diesem Kapitel der Frage nachgehen, welche Bedeutung die hier untersuchte Thematik im Kontext der Profession Sozialer Arbeit hat. Die Auswirkungen von Kinderarmut auf die Lebenswelt und die Entwicklungschancen von Kindern und Jugendlichen sind sehr tiefgreifend und umfassend. Zunächst ist hierbei der Armutsbegriff an sich kritisch zu hinterfragen, da der Armutsbegriff sehr vielschichtig ist und jeweils unterschiedliche Facetten der Armut beleuchtet. Die Armutskonzepte verdeutlichen, dass es kein universelles Verständnis von Armut gibt, vielmehr spiegeln die dominierenden Konzepte gesellschaftliche Wertvorstellungen und aktuelle Ziele wider. Die Anwendung von jeweiligen Armutskonzepte haben weitreichende Auswirkungen, da sie zur Kategorisierung von Menschen führen können und deren Selbstverständnis sowie ihre gesellschaftliche Position mitbestimmt. Für die Soziale Arbeit bedeutet dies, die individuellen Bedürfnisse und Lebenslagen von Kindern und Jugendlichen in den Mittelpunkt zu stellen. Hierzu und auch im Allgemeinen ist für die Entwicklung von differenzierten Angeboten das Einbeziehen von Perspektiven der Kinder und Jugendlichen und damit deren Wirklichkeitswahrnehmung unerlässlich. Es geht darum, zu klären, was sie benötigen, um ihre Lern- und Entwicklungsaufgaben positiv bewältigen zu können. Dies erfordert ein tiefgehendes Verständnis für ihre Lebensstrategien, Bedürfnisse und Ressourcen (vgl. Dahrendorf, 1979, S. 50). Nur so kann ein differenziertes Angebot geschaffen werden, welches zum Erlernen von neuen Bewältigungsstrategien motiviert. Die Gesundheit spielt im Kontext von Armut eine zentrale Rolle, denn sie ist zum einen eine Voraussetzung für umfassende Teilhabe und das erfolgreiche Meistern altersentsprechender Entwicklungsaufgaben. Ungleichheiten im Gesundheitsstatus sind dabei ein Spiegelbild sozialer Ungleichheit. Eine nachhaltige Verbesserung der individuellen Gesundheit von Kindern und Jugendlichen ist daher nur durch die Optimierung der allgemeinen Lebensbedingungen in ihren Familien und in ihrem sozialen Umfeld möglich (vgl. Holz & Richter-Korneweitz, 2010, S..185). Abschließend beziehungsweise auf gesellschaftlicher Ebene ist es essenziell, die Ungleichheiten und Herausforderungen, die sich aus der Kinderarmut ergeben, entschieden zu bekämpfen. Dies erfordert einen interdisziplinären Ansatz, der die Zusammenarbeit verschiedener Akteure aus dem sozialen, gesundheitlichen und bildungsbezogenen Bereich einschließt.

6 Zusammenfassung und Ausblick

Die vorliegende Hausarbeit hat sich intensiv mit dem Thema Kinderarmut in der Bundesrepublik auseinandergesetzt und dabei die vielfältigen Auswirkungen dieser sozialen Herausforderung auf das Leben und die Entwicklungschancen von Kindern und Jugendlichen beleuchtet. Die Arbeit hat gezeigt, dass Kinder, die in Armut aufwachsen, einem erheblichen Risiko für psychosoziale Belastungen und gesellschaftliche Ausgrenzung ausgesetzt sind. Diese Belastungen können zu tiefgreifenden psychosozialen Problemen führen und die Startmöglichkeiten im Leben erheblich beeinträchtigen. Ein zentraler Aspekt der Arbeit war die theoretische Auseinandersetzung mit dem Armutsbegriff. Es wurde deutlich gemacht, dass Armut ein komplexes Phänomen ist, das sowohl strukturelle als auch subjektive Dimensionen umfasst. Verschiedene Armutskonzepte wurden vorgestellt und kritisch diskutiert, um ein umfassendes Verständnis für die Vielschichtigkeit des Armutsphänomens zu entwickeln. Ein weiterer zentraler Aspekt der Arbeit war die Untersuchung des Zusammenhangs zwischen Kinderarmut und der psychischen Gesundheit von Kindern und Jugendlichen. Es wurde deutlich gemacht, dass Kinderarmut nicht nur materielle, sondern auch psychosoziale und Verhaltensfaktoren umfasst, die sich negativ auf die Entwicklung und die psychische Gesundheit von Kindern und Jugendlichen auswirken können. Abschließend wurde die Bedeutung der Thematik für die Profession Sozialer Arbeit herausgestellt. Es wurde betont, dass die Soziale Arbeit eine zentrale Rolle bei der Unterstützung von Kindern und Jugendlichen in armen Lebenslagen spielt und dazu beitragen kann, die Auswirkungen von Kinderarmut zu mindern und soziale Teilhabe und Chancengleichheit zu fördern. Insgesamt bietet die Hausarbeit einen fundierten Einblick in das komplexe und vielschichtige Thema der Kinderarmut und zeigt die zentrale Bedeutung der Sozialen Arbeit bei der Bewältigung dieser gesellschaftlichen Herausforderung auf. Sie stellt einen wichtigen Beitrag zur aktuellen Diskussion über Armut und soziale Ungleichheit dar und liefert wertvolle Erkenntnisse für die professionelle Praxis und die weitere Forschung in diesem Bereich.

Literaturverzeichnis

Bettinger, F. (2014). Bedingungen selbstbestimmter, kritischer Sozialer Arbeit. In Anatomie des Ausschlusses: Theorie Und Praxis Einer Kritischen Sozialen Arbeit (S. 389–423). Springer Fachmedien Wiesbaden.

Böhnisch, L. (1995): Armut an den Grenzen der Wohlfahrtsgesellschaft. In: Kind, Jugend, Gesellschaft. Zeitschrift für Jugendschutz. 40 Jg., Heft 1.

Dahrendorf, R. (1979). Lebenschancen: Anläufe zur sozialen und politischen Theorie. Suhrkamp.

Dittmann, J., & Goebel, J. (2018). 1.1 Armutskonzepte. Handbuch Armut. Ursachen, Trends, Maßnahmen, 21-34.

Drößler, T., Gintzel, U., Clausnitzer, S., Mummert, L. & Rudolph, M. (2008). Kinderarmut und kommunale Handlungsoptionen. https://doi.org/10.2307/j.ctvhktkr1

Geißler, R. (1996): Die Sozialstruktur Deutschlands. Zur gesellschaftlichen Entwicklung mit einer Zwischenbilanz zur Vereinigung. Opladen.

Giesecke, J., Böhnke, P. & Groh-Samberg, O. (2023). Einkommens- und Vermögensungleichheit. Soziale Ungleichheit, 354(1/2023), 45. https://www.bpb.de/system/files/dokument_pdf/BPB_IzpB_354_Soziale_Ungleichheit_Gesamt_230406_RZ_bf.pdf

Gintzel, U., Clausnitzer, S., Drößler, T., Mummert, L., & Rudolph, M. (2008). Kinderarmut und kommunale Handlungsoptionen. Verlag Barbara Budrich.Solga, Heike, Peter A. Berger und Justin

Groh-Samberg, Olaf und Wolfgang Voges (2013): Armut und soziale Ausgrenzung. in: S. Mau und N. M. Schöneck Handwörterbuch zur Gesellschaft Deutschlands. Wiesbaden, Springer Fachmedien Wiesbaden: 58-79.

Hafeneger, B. (2009). Auswirkungen von Armut für die Jugendverbandsarbeit. In Armut von Kindern, Jugendlichen und Familien und ihre Auswirkungen auf die Kinder- und Jugendarbeit. Dokumentation der Konferenz der Großstadtjugendringe (S. 15–22). Bochum.

Holz, G., & Richter-Kornweitz, A. (2010). Kinderarmut und ihre Folgen.Wie kann Prävention gelingen.

Huster, E.-U. & Boeck, J. (2018). Handbuch Armut und soziale Ausgrenzung. In H. Mogge-Grotjahn (Hrsg.), Springer eBooks (2. Aufl.). https://doi.org/10.1007/978-3-658-19077-4

Kuntz B, Rattay P, Poethko-Müller C, Thamm R, Hölling H, Lampert T (2018) Soziale Unterschiede im Gesundheitszustand von Kindern und Jugendlichen in Deutschland – Querschnittergebnisse aus KiGGS Welle 2. J Health Monitor 3(3):19–36.

Lampert, T. (2011). Armut und Gesundheit. Die Gesellschaft und ihre Gesundheit: 20 Jahre Public Health in Deutschland: Bilanz und Ausblick einer Wissenschaft, 575-597.

Lutz, Ronald (2004): Kinder, Kinder ...! Bewaltigung familiarer Armut. In: neue praxis. 34. Jg.

Oskamp, A. (2013). Kinder- und Jugendarmut. In VS Verlag für Sozialwissenschaften eBooks (S. 127–134). https://doi.org/10.1007/978-3-531-18921-5_13

Powell (2009): Soziale Ungleichheit -Kein Schnee von gestern! Eine Einführung. in: H. Solga, J. Powell und P. A. Berger Soziale Ungleichheit. Klassische Texte zur Sozialstrukturanalyse.Frankfurt/ New York, Campus Verlag: 11-45.

Rahn & Chassè. (2020). Handbuch Kinderarmut. https://doi.org/10.36198/9783838553566

Richter, M. (2005): Gesundheit und Gesundheitsverhalten im Jugendalter: Der Einfluss sozialer Ungleichheit. Wiesbaden: VS Verlag für Sozialwissenschaften.

Schulze, R., Richter-Kornweitz, A., Klundt, M., & Geene, R. (2013). Kinderarmutsforschung im Wandel: Entwicklung, Ergebnisse, Schlussfolgerungen. Kinder stark machen: Ressourcen, Resilienz, Respekt, 327.

Solga, H., Powell, J., & Berger, P. A. (2009). Soziale Ungleichheit. Klassische Texte zur.

Zimmermann, G.E. (1998). Formen von Armut und Unterversorgung im Kindes- Jugendalter. In: Klocke, A., Hurrelmann, K. (eds) Kinder und Jugendliche in Armut. VS Verlag für Sozialwissenschaften, Wiesbaden. https://doi.org/10.1007/978-3-663-10472-8_3

Zander, M. (2011). Armut als Entwicklungsrisiko – Resilienzförderung als Entwicklungshilfe. In M. Zander (Hrsg.), Handbuch Resilienzförderung (S. 279–280). Wiesbaden: VHS-Verlag.